Direction de la publication :
Isabelle Jeuge-Maynart et Ghislaine Stora
Direction éditoriale : **Catherine Delprat**
Responsable d'édition : **Bethsabée Blumel**
Direction artistique : **Emmanuel Chaspoul**
Mise en page : **Les PAOistes**
Couverture : **Véronique Laporte**
Illustration de couverture : **Rachid Maraï**
Fabrication : **Anne Raynaud**

Illustrations de l'intérieur : **Nathalie Jomard**

Remerciements de l'auteur à **Jean-Baptiste Ferrero** pour sa collaboration à la conception de la règle **21**.

ISBN 978-2-03-587299-9

Photogravure IRILYS
Imprimé en Espagne par Unigraf S.L.
Dépôt légal : mai 2012
308729/10 - 11043847 - février 2020

LES MINI LAROUSSE

Les 50 règles d'or du management

Jean-Paul Guedj

LAROUSSE

21 rue du Montparnasse 75283 Paris Cedex 06

Sommaire

Mais qu'est-ce qu'un « manager » ?

EN RÉALITÉ, TOUT LE MONDE MANAGE… MAIS CERTAINS ONT EN FAIT LEUR MÉTIER !

Si vous regardez bien, chacun, à un moment ou un autre, est responsable d'autrui : la mère ou le père avec ses enfants, le président d'une association de parents d'élèves ou de copropriétaires, le coach d'une équipe de foot. Chacun doit prendre dans l'intérêt collectif les meilleures décisions pour le groupe dont il la charge.

Seulement certains ont en fait leur métier, à part entière, à plein-temps. Et parfois au-delà ! On les appelle **les managers**.

VOICI LA DÉFINITION DE LEUR FONCTION EN CINQ POINTS

1. Le manager est un **leader** : par son autorité naturelle (ou charisme) il mobilise ses collaborateurs et fédère son équipe autour d'un projet d'entreprise ou de service.

2. Le manager est un **coach de la performance individuelle et collective** : il conduit son équipe au résultat attendu (en chiffre d'affaires, en niveau de production ou en objectifs qualitatifs).

3. Le manager est un **gestionnaire** : il gère donc des ressources matérielles et humaines (au fait peut-on gérer des êtres humains ?).

4. Le manager est un **responsable** (du latin *respondere* qui veut dire « répondre ») : il répond d'abord de lui-même (cela signifie qu'il décide), de ses collaborateurs (cela signifie qu'il délègue) et, enfin, il répond aux questions qu'on lui pose (notamment à celles de ses collaborateurs).

5. Le manager porte également une **fonction sociale**. Il veille à ce que le travail ne devienne pas une souffrance et que chacun puisse s'y réaliser tout en contribuant à l'effort collectif.

On ne naît pas manager

ON LE DEVIENT !

Comprenez bien : **ce n'est parce que vous avez fait l'« X » que vous saurez manager.** Comme disait le général (de Gaulle), « il est plus facile de sortir de Polytechnique que de l'ordinaire ! »

C'est un peu comme pour la médecine : **le management** est moins une science qu'**un art**. Le diplôme ne suffit pas pour faire un bon médecin. Le management lui aussi implique une pratique au quotidien, une expérience humaine, et surtout une fine intuition.

Ce n'est pas parce qu'on a fait bac + 10 que l'on sait organiser, gérer, décider, fédérer, communiquer, naviguer, et parfois naviguer à vue…

Si l'on a mobilisé au cours de ses (hautes) études son QI (quotient intellectuel), on n'a pas forcément développé son QE (quotient émotionnel) ou sa créativité… talents pourtant si précieux pour activer les décisions managériales !

Soyez un manager

MAIS AUSSI UN LEADER

Cela ne peut pas nuire ! Le manager pour mener à bien sa mission doit conduire des équipes, convaincre des collaborateurs, faire faire. En cela, dans l'entreprise, il est positionné comme un leader.

Mais il y a leader et leader.

Par la coercition, il peut imposer son projet, ses consignes. Mais s'il impose, c'est que son projet et lui-même ne s'imposent pas de manière évidente. Il lui faut alors utiliser cette relation de force, à défaut d'une communication qui coule de source.

Quand le leader n'est en effet pas écouté, il devient autoritaire. Mais peut-on encore parler de leader ? Et le vrai leadership ne s'incarnerait-il pas plutôt dans cette formule : **« s'imposer, sans imposer »** ?

Développez le charisme

QUI EST EN VOUS !

Qu'est-ce que le charisme ? C'est l'autorité naturelle qui se dégage d'une personnalité provoquant le respect ou l'admiration des autres.

Est-ce un don inné ou le charisme s'acquiert-il ? **Nous avons tous du charisme en nous...**

CINQ CONSEILS POUR CULTIVER VOTRE CHARISME...

1. **Développez votre expertise :** elle sera reconnue des autres et votre compétence vous rassurera vous-même dans la relation que vous entretenez avec eux. L'autorité commence par celle de la compétence.

2. **Soignez votre réputation :** une réputation met beaucoup de temps à se construire, et peu de temps à se détériorer. Confirmez par les actes au quotidien l'image positive que l'on a de vous. Sans en être dépendant, vérifiez régulièrement votre score de popularité.

3. Ne revenez pas sur vos décisions : ne tergiversez pas, prenez vos décisions et assumez-les (voir règle 22). Le commandement ne fait pas trop bon ménage avec la faiblesse ou le bégaiement comportemental.

4. Apprenez l'art de l'orateur pour convaincre et impressionner votre public : surjouez un peu, exprimez-vous avec votre cœur, utilisez des formules percutantes, regardez les gens dans les yeux, jouez des silences.

5. Ne négligez pas votre apparence : votre élégance sobre, mais très étudiée, ne sera pas sans effets dans la relation aux autres (voir règle 12) !

UN CHEF CHARISMATIQUE

« J'ai vu l'âme du monde sur un cheval », notait le philosophe allemand Hegel évoquant Napoléon sur son cheval à la bataille de Iéna en 1806…

Soyez donc légitime !

MAIS COMMENT S'Y PRENDRE?

Pour éviter d'être contredit en permanence, ou de se référer in extremis au statut hiérarchique ou au règlement pour faire exécuter vos ordres, **il vaut mieux être légitime, c'est-à-dire reconnu et accepté par vos collaborateurs.**

Attention ! Ce n'est pas parce que vos collaborateurs font mine d'exécuter vos consignes qu'ils les appliquent vraiment. Ce n'est pas parce qu'ils opinent du chef qu'ils vous reconnaissent pour autant. La légitimité d'un manager se découvre in fine au résultat.

Mais alors comment faire en sorte d'être légitime ? On est d'abord légitime par **la compétence**, et notamment par la compétence managériale au quotidien. Si celle-ci fait autorité, elle ne sera pas discutée et on la sollicitera même. À l'argument d'autorité, on préférera toujours l'autorité de l'argument.

Ensuite, bien sûr, il y a **le charisme** qui fera le reste.

Distinguez le compliqué du complexe…

UN MOT D'ORDRE : SIMPLIFIEZ

Arrêtez, s'il vous plaît, de dire que tout est compliqué… Toutes les organisations sont complexes, à l'instar des personnalités. La vôtre, par exemple, est complexe, sans être forcément compliquée.

A force de confondre les deux termes, on peut finir par rendre compliqué ce qui est déjà complexe.

Votre problème n'est pas compliqué. Il est juste complexe. Il va donc nécessiter une bonne connaissance des données associée à une ingénieuse créativité pour en venir à bout. S'il est si compliqué, reconnaissez-le, vous avez déjà quasiment renoncé à le résoudre !

Quand votre collaborateur préféré frappe à votre porte avec un problème « compliqué » qu'il va vous soumettre, aidez-le à clarifier les données et engagez-le à le résoudre par lui-même…

Ces sept leaders de l'Histoire

DES MODÈLES D'INSPIRATION POUR VOUS ?

Il peut être intéressant (et amusant) de noter les qualités de ces sept héros qui ont fait l'Histoire et de les comparer aux vôtres (mais si, mais si !) dans votre activité de management.

DE QUEL LEADER VOUS RAPPROCHEZ-VOUS LE PLUS ?

1. Moïse : on ne connaît pas sa date de naissance, mais on dit qu'il est mort à 120 ans, un bon millier d'années avant l'ère chrétienne. Il a conduit – on dirait sans doute aujourd'hui « coaché » – le peuple hébreu hors de l'Égypte oppressive vers le pays de Canaan.

Il est le co-auteur (avec D.) des dix commandements, point de départ d'un gigantesque projet d'entreprise !

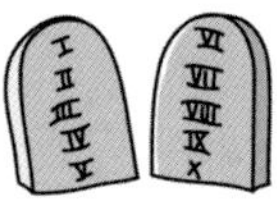

Qualités : visionnaire, colérique, profondément charismatique.

2. Auguste : (63 avant J.-C.-14 apr. J.-C.,) empereur romain et fils (adoptif) de Jules-César. L'historien romain Suétone écrivait à son propos : « [...] ; il voulait même faire croire qu'il y avait dans son regard une autorité divine et, comme il le fixait sur quelqu'un, il aimait à lui voir baisser la tête, comme ébloui par le soleil. ». Belle définition du charisme. Il dit de son œuvre (on dirait aujourd'hui ses « challenges ») « J'ai trouvé une Rome de brique, je laisse une Rome de marbre ».

Qualités : ambitieux, soucieux du résultat, amateur d'art et lui aussi... charismatique.

3. Richelieu : (1585-1642), ministre de Louis XIII, à qui il propose trois objectifs qu'il va s'employer à réaliser : réduire l'influence du protestantisme, lutter contre l'esprit factieux de la noblesse, affaiblir la position de la Maison d'Autriche. C'est lui qui a écrit : « L'autorité contraint à l'obéissance, mais la raison y persuade ».

Qualités : négociateur, politique, tenace, ne craignant pas l'impopularité.-

4. **Napoléon 1er** : (1769 - 1821), empereur des Français. Stratège militaire indiscuté et fondateur du Code civil, le vainqueur de la bataille d'Austerlitz a suscité bien des commentaires souvent élogieux, parfois critiques. C'est lui qui a dit : « L'homme supérieur n'est sur le chemin de personne ».

Qualités : stratège, cultivé, meneur d'hommes.

5. **Georges Clemenceau** : (1841-1929) celui qui fut surnommé « le Tigre », se révéla être un acteur décisif dans la victoire des forces alliées contre l'Allemagne lors de la Première Guerre mondiale, ce qui lui a valu aussi le surnom de « Père la Victoire ». Il suscita même l'admiration du kaiser Guillaume II qui déclara : « la cause principale de la défaite allemande ? Clemenceau ! ». C'est aussi lui qui a dit : « Dans vos phrases, n'utilisez qu'un sujet, un verbe, un complément direct ; quand vous aurez besoin d'un adjectif, venez me trouver ».

Qualités : courageux, opiniâtre, beaucoup d'esprit, pragmatique.

6. (Sir) Winston Churchill : (1874-1965), homme politique britannique, il a dirigé le Royaume-Uni pendant la Deuxième Guerre mondiale et a contribué activement à la victoire des alliés contre l'Allemagne nazie.

À la Chambre des Communes, le 7 mai 1941, il a cette formule célèbre « je n'ai jamais promis ou fourni autre chose que du sang, de la peine, de la sueur et des larmes. »

Qualités : orateur hors pair, ennemi de la langue de bois, sens de l'humour, lutteur invétéré.

7. Charles De Gaulle : (1890 – 1970), homme politique français. Il est avant tout l'homme du 18 juin 1940, date à laquelle il lance son célèbre appel à la Résistance qui fonde la « France libre ».

En 1958, le « Général » crée la Constitution de la Ve République qui perdure jusqu'à nos jours et dont il devient le premier Président. C'est l'homme qui a dit : « L'autorité ne va pas sans prestige, ni le prestige sans éloignement ».

Qualités : hauteur de vue, lucidité, culture, sens de la formule et de la répartie, apôtre de la grandeur de l'État.

Manager et horloger

MÊME MÉTIER ?

L'horloger fabrique ou répare les montres, le manager gère son temps et celui des autres en regardant (parfois) sa montre. Ce sont deux activités qui ont comme trait commun **la mesure du temps**.

De réunion en entretien, de briefing en débriefing, de dossier en dossier, d'objectif en objectif, le manager gère son temps avec minutie. Il prévoit (sur son agenda) 80 % des tâches et laisse 20 % à l'imprévu.

Il contrôle également le temps de ses collaborateurs. Il fixe à ces derniers des dead lines (dates butoir des missions) pour optimiser la productivité, car le temps, comme on le sait, c'est toujours de l'argent.

LES QUATRE ATTITUDES QUI FONT GAGNER DU TEMPS

1. Être réactif : réagir vite et bien ! S'adapter à l'imprévu, à la nouveauté

Exemples : détecter et réagir vite à l'e-mail important et urgent ; corriger rapidement une erreur ; contrôler les objectifs avant qu'il ne soit trop tard.

2. Être directif : aller droit au but !

Exemples : définir avec clarté le cap à l'équipe ; communiquer des consignes précises et applicables ; recadrer un collaborateur de manière franche et directe ; décider.

3. Être proactif : anticiper au maximum !

Exemples : prévoir la conjoncture, les crises, les conflits. Planifier l'activité au maximum de la visibilité.

4. Savoir se « désengager de toute activité » : faire des pauses, prendre du recul !

Exemples : lâcher prise lorsque le dossier n'en vaut plus la peine ; ne pas interférer dans le domaine de responsabilité de ses collaborateurs. Trouver du temps pour respirer et réfléchir.

Mettez un peu d'ordre

DANS VOTRE BUREAU !

Attention, le bureau est un révélateur de style et de personnalité. Mal rangé, il peut signaler un esprit brouillon. Trop rangé, il indique une personnalité maniaque ou… qui ne travaille sans doute pas beaucoup !

Les cadres des photos posés sur le bureau attestent de vos valeurs familiales, les quelques ouvrages rangés sur vos étagères de votre culture.

En même temps, l'agencement du bureau du manager et celui de ses collaborateurs sont décisifs pour l'efficacité au quotidien !

AIDE-MÉMOIRE POUR L'AMÉNAGEMENT DES BUREAUX

1. **Les murs doivent être épais ou insonorisés** : rien de pire pour un manager que d'être entendu dans le bureau d'à côté ! Les entretiens managé-

riaux sont souvent confidentiels. Évitez le bureau du manager en plein milieu d'un « open space » !

2. **Détenez une armoire et des placards fermés à clefs :** il ne faut pas tenter le diable et votre statut invite d'aucuns à la curiosité. Surtout en période de crise

3. **Posez des éléments de rangement pratiques et à proximité.** Tout ce qui est compliqué et loin n'est pas utilisé.

4. **Ne multipliez pas les dossiers.** Actualisez-les ou éliminez-les lorsqu'ils deviennent obsolètes !

5. **Installez un siège visiteur convivial, et mieux, une table ronde ou ovale** (voir règle suivante), pour recevoir vos collaborateurs, votre hiérarchie, des fournisseurs ou des clients.

6. **Ayez un bureau high-tech :** une téléphonie permettant les call-conférences, un ordinateur comprenant les dernières applications (régulièrement mises à jour), un porte-smartphone, un écran et un vidéoprojecteur pour pré-visionner (ou visionner) vos conférences sur PowerPoint.

Installez donc une petite table ronde

POUR LES ENTRETIENS…

Pour les entretiens, la table ronde (ou ovale) est **plus conviviale** – on y est côte à côte – que le confortable (attention ! pas trop quand même !) fauteuil visiteur placé en face de votre bureau managérial.

Cette dernière configuration se prête davantage à **la relation hiérarchique.** L'idéal est de pouvoir alterner les « mises en scène » en fonction des situations.

- **Situation de commandement pur :**
Plutôt face-à-face (N + 1 au bureau, N-1 dans le fauteuil visiteur) : briefing, cadrage, recadrage, fixation d'objectifs.
- **Situations de communication courante :**
Autour de la table, voire côte à côte : s'informer, trouver des solutions en commun, travailler ensemble.
- **Quid de l'entretien d'appréciation ? Plutôt à la table ronde** (ça dépend de l'appréciation !)… pour favoriser la communication.

Trouvez votre style de management

À CHACUN SON STYLE

On peut observer **quatre styles de management** : le style directif (axé sur la tâche), le style persuasif (axé sur la pédagogie), le style participatif (axé sur le partage des informations), le style délégatif (axé sur le transfert de pouvoir).

- **Le style directif** est plutôt adapté aux collaborateurs débutants ou à ceux dont le comportement professionnel nécessite un contrôle.
- **Le style persuasif** convient aux collaborateurs à qui l'on doit confier de nouvelles missions.
- **Le style participatif** est pertinent en période de crise quand il faut associer les collaborateurs, dont l'esprit de responsabilité ne fait plus de doutes, aux décisions stratégiques.
- **Le style délégatif** est adapté aux collaborateurs qui sont suffisamment compétents et motivés pour accomplir leurs tâches en pleine autonomie.

Ne négligez pas votre apparence

FAITES ATTENTION, VOUS ÊTES OBSERVÉ !

Soignez donc votre apparence ! D'autant que vous demandez à vos commerciaux d'être des vecteurs de l'image de marque de l'entreprise et donc d'être attentifs à leur look !

D'autant que vous pestez de voir votre adjoint ressembler à ces comptables à bretelles des années 1930 !

D'autant que vous êtes vous-même très sensible à l'apparence de votre hiérarchie ou à celle de vos fournisseurs. Homme ou femme de détail et de rigueur, vous détestez le négligé...

Alors de grâce soignez votre look : vos vêtements (vous portez la même cravate depuis trois semaines !), vos chaussures (atroces, les chaussures empoussiérées, voire pire...) votre coupe de cheveux (attention aux teintures en voie d'extinction).

Tout se jauge et se juge. Et lorsque vous recadrerez celui-ci ou celle-là parce qu'ils se « perdent de vue », si l'on peut dire, il faut que vous soyez vous-même exemplaire.

Autrement, c'est : fais ce que je dis, mais pas ce que je montre…

ÉLABOREZ AVEC VOTRE ÉQUIPE UN DRESS CODE !

- **Rendez-vous externes (clients, fournisseurs)** : sobre, soigné, élégant, irréprochable, super « pro ».
- **Rendez-vous internes (hiérarchie, collaborateurs)** : confortable, mais quand même élégant…
- **Week-end Day (vendredi)** : acception d'un look plus décontracté, le jean est admis (en vogue Outre-Atlantique…).
- **Séminaires** : comme le vendredi !

Saluez le matin vos collaborateurs...

VIVE LE « WANDERING MANAGEMENT » !

C'est important de ne pas oublier d'aller **saluer ses collaborateurs** : c'est courtois d'abord, utile ensuite.

Courtois : il n'est pas mauvais d'instaurer dans les services un climat de convivialité (l'étymologie de convivialité, c'est « vivre avec »), régi par des règles et des rites de politesse (se dire bonjour le matin, au revoir le soir, se souhaiter un bon week-end, etc.).

Utile aussi : cette « promenade » polie du matin permet de sonder les humeurs et la motivation au travail de vos équipes.

On y décèle parfois des risques possibles (celui-ci fait la tête, quelle en est la raison ?) et souvent des énergies (celui-là semble impatient de commencer sa journée de travail). On prépare ainsi sa journée de manager avec de précieuses informations sur ses collaborateurs, parfois insoupçonnées, et, au fond, juste parce qu'on les a salués...

Parlez juste !

CONNAÎTRE LA VALEUR DES MOTS

Il y a un passage obligé dans le « travailler-ensemble » et dans le management, c'est l'échange et la transmission d'informations (voir règle 15).

Il s'agit donc pour les managers **d'essayer de clarifier leurs messages**.

Un management efficace passe donc par la justesse des mots que l'on dit ; une certaine sincérité dans l'expression de ses sentiments doit se conjuguer à un art subtil de la négociation et de la diplomatie sans pour autant tomber dans le mythe de la transparence tous azimuts ou celui de la réunionnite, qui ne consiste parfois qu'à répéter ce que l'on a déjà dit mille fois.

Attention, à certaines paroles : « il est nul » est un jugement erroné. L'être n'est pas la chose (le travail), le jugement porte sur la totalité des compétences et il est inefficace car il ne résout rien.

Il faut donc faire en sorte que la parole ait une valeur car, en quelque sorte, **dire c'est presque faire et c'est surtout « faire faire »**...

Apprenez à communiquer

C'EST L'ESSENTIEL DE VOTRE ACTIVITÉ !

Un manager passe 80 % de son temps à communiquer : avec ses collaborateurs, avec sa hiérarchie, avec ses clients (voir règle 14). Il lui faut donc apprendre l'art de communiquer.

VOICI CINQ RÈGLES D'OR DE LA COMMUNICATION MANAGÉRIALE !

1. **Préparez vos sujets.** Comme a dit Sacha Guitry, « les meilleures improvisations sont celles qui sont préparées ! ».

2. **Vérifier l'impact de ce que vous dites :** la parole doit être performante. Les consignes doivent être appliquées. Les briefings et débriefings doivent être utiles.

3. **Apprenez l'anglais :** tous les modes de communication in the company sont *in english. Briefings,*

débriefings, reportings, meetings, call conférences, training. Sans compter, qu'à l'heure de la mondialisation de l'économie, nombre de communications sont dans la langue d'Obama.

4. **Faites-vous coacher :** un bon coach en communication peut vous entraîner à corriger vos défauts (avec vidéo-training), à développer votre charisme, à AR-TI-CULER, à produire des effets (comme au théâtre).

5. **Ne considérez pas,** parce que vous avez fait une grande école, **que la communication, c'est du vent.** Ou alors si vous pensez que c'est du vent, considérez alors que ce vent-là c'est l'énergie qui permet aux moulins – ou aux éoliennes – de tourner… aux voiliers d'avancer…

Apprenez par cœur la stratégie de l'entreprise

BUSINESS PLAN, MARGE BRUTE, OBJECTIFS, VALEURS, ETC.

Lorsque vous êtes manager, **vous devez pouvoir répondre aux questions de vos collaborateurs** sans hésiter, surtout lorsque celles-ci évoquent la stratégie de l'entreprise. Et les indicateurs de toute stratégie se mesurent en chiffres.

Rien de pire que de ne pas savoir répondre à cette question de votre N-1 : « Quelle doit être notre marge brute cette année ? ».

Rien de pire encore que de ne pas savoir répondre, la mine hagarde, « je n'en sais rien ! » à la question inattendue de votre N +1 : « Rappelez-moi, mon cher Dupont, la contribution de votre équipe à la marge brute de cette année ? ».

Bref, il faut apprendre par cœur la stratégie de

l'entreprise, son business plan. Et les indicateurs-clefs. Comme les valeurs-clefs. De façon à ce que, par exemple, si la valeur-clef managériale est le partage de la stratégie, vous ne soyez pas le dernier à la connaître !

À SAVOIR

Qu'est-ce que la marge brute ?

- La marge brute est une notion comptable représentant la différence entre le chiffre d'affaires hors taxe et la totalité des dépenses réalisées. Ou encore, si l'on veut, le prix de vente moins le prix de revient !
- Si la marge brute est négative ou insuffisamment positive, préparez-vous à mettre en œuvre un plan de rigueur : économies tous azimuts et réduction des coûts !

Qu'est ce qu'un business plan ?

- C'est une présentation prospective du projet d'entreprise, à court et moyen terme (3 ans).

Évitez les projets rabat-joie !

PRÉFÉREZ DONC LES PROJETS EN 4 P

Tout projet structure, fédère, mobilise. Tout projet donne du sens (dans son double sens – signification et orientation) au travail individuel et collectif. Tout projet éclaire l'avenir, trace le chemin. Vos équipes sont ainsi en quête de connaître le projet du service, celui de l'entreprise, le projet managérial.

Mais pour que le projet, quel qu'il soit, s'avère efficient, il faut qu'il se décline en **4 P** :

1. Le projet est Pertinent : c'est-à-dire utile, il participe du progrès économique, social ou sociétal. Combien de projets d'entreprise parfois si brillants couchés sur le papier, mais déconnectés de la réalité, ont été mis au panier !

2. Le projet est Partagé : S'il est le seul fait du prince, il sera mal appliqué par ceux à qui il est destiné car ils ne l'ont pas forcément compris et n'ont pas été impliqués dans sa conception...

3. Le projet est Possible, c'est-à-dire réalisable... On ne doit pas confondre ambitieux et mégalomane, structuré et coûteux...

Évitons donc les usines à gaz avec grands effets d'annonce, menées d'abord tambour battant, souvent de façon « abracadabrantesque », pour être ensuite abandonnées quelques semaines plus tard... Cela fait mauvais genre et décrédibilise le management !

4. Le projet est Plaisant – intellectuel, créatif – pour ceux qui le réalisent, et de façon plus large, pour tous les acteurs concernés. Il est aussi une fête. Par lui, on construit l'avenir. Sinon, il est rapidement désinvesti, et d'abord par ceux qui sont censés l'animer.

Les projets rabat-joie – ou uniquement quantitatifs – s'autodétruisent vite parce qu'ils sont tristes. **Mission alors impossible !**

Ne fixez pas des objectifs inatteignables !

ATTENTION AU PRINCIPE DE RÉALITÉ

Il est toujours tentant de fixer des objectifs à la hauteur de ce que l'on aimerait que son équipe fût.

Le problème est que **la réalité résiste** : l'équipe n'est pas aussi performante que ce qu'on aurait pu croire, les clients sont moins généreux que prévu, les délais ne sont pas extensibles et les chiffres sont plus têtus que jamais.

Et puis, si une année on n'a pas réalisé les objectifs, cela peut faire jurisprudence : on pourra ainsi ne pas réaliser aussi l'année suivante les objectifs, et constituer ainsi une culture de la « non-atteinte des objectifs », bref, de l'échec !!

Alors, il vaut mieux choisir des objectifs atteignables. Et pour les fixer, rien ne vaut le dialogue et l'échange avec ceux qui doivent les atteindre.

Vous pourrez « booster » ainsi l'ambition de vos collaborateurs et mesurer leur bonne volonté. La confiance est aussi un moteur !

NE VOUS CONTREDISEZ PAS !

• **Si vous fixez des objectifs de qualité** (amélioration substantielle de la relation-client ou diminution des réclamations), ne fixez pas des objectifs corollaires contradictoires : entretiens avec la même clientèle de 10 minutes et pas plus; vente additionnelle systématique de produits non demandés par elle.

• **Si les premiers objectifs annulent les seconds,** vous risquez de mettre vos collaborateurs dans **une situation de double contrainte qui peut entraîner de la souffrance** et surtout... l'immobilisme !.

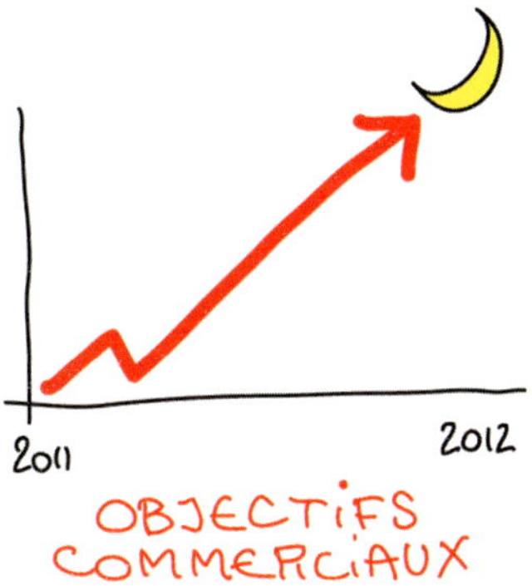

Gérez votre temps

COMME UN MINISTRE !

On l'a vu, le manager n'est pas sans rapport avec l'horloger (voir règle 8) ! Pour lui aussi, le temps est un métier. **L'activité du manager est en général très remplie** : il peut être vite « débordé », voire « surbooké ». L'organisation de son temps (être capable d'ordonner et d'anticiper mais aussi de pouvoir faire face sans panique aux imprévus de la gestion quotidienne) est un facteur important de **stress**.

De plus la conduite des équipes, les réunions, les déplacements, font donc que **la gestion du temps** s'impose à lui comme un impératif catégorique.

CINQ RÈGLES D'ACIER POUR OPTIMISER LE TEMPS

1. Il faut **distinguer l'important de l'accessoire** : ne mettez pas sur le même plan le pot d'anniversaire de votre adjoint avec le rendez-vous (au même moment) avec votre principal client ! Il faut choisir !

2. Il faut **différencier l'important de l'urgent** : vous ne pouvez pas répondre à tous vos e-mails, vous en

comptez 150 par jour ! Cinq se révèlent importants et urgents, 145 ne sont ni importants ni urgents !

3. **Vous devez décider** : toute décision prise à temps – ni trop rapide, ni trop hésitante – constitue un gain de temps – et de productivité ! – pour vous et vos équipes.

4. **Prenez le temps de la réflexion**. Si l'action est rapide, la réflexion est lente. Ce sont deux rythmes différents. La réflexion – sur un dossier, sur **une stratégie**, sur la résolution d'un problème, sur un recrutement – peut augmenter votre niveau d'efficacité, même si vous avez l'impression (illusoire) de perdre du… temps !

5. Enfin **déléguez !** Fixez un cadre précis à vos collaborateurs, des missions détaillées, des moyens et **« faites faire »** plutôt que d'être au centre et partout !

Faites le juste diagnostic…

UN PRÉALABLE À TOUTE ACTION MANAGÉRIALE

Pour animer votre équipe, la motiver, et la conduire au résultat escompté, vous devez au préalable en établir le diagnostic. Précisons : **il y a l'équipe et les collaborateurs, pris individuellement.**

PREMIERS CRITÈRES

L'équipe peut collectivement réussir, entraîné par ses « maillons forts » alors que les « maillons faibles » peinent à l'ouvrage. À l'inverse, une équipe peut échouer alors qu'elle contient pourtant des individus compétents et motivés.

Pour que l'équipe réussisse, il faut que globalement, majoritairement, les individus qui la composent possèdent un niveau de compétence – aptitude au poste – et d'implication – capacité de don de soi – suffisants.

Ces deux critères que sont **la compétence et l'implication** constituent la première grille de diagnostic des collaborateurs.

PRENDRE EN COMPTE LA PERSONNALITÉ DE CHACUN

La deuxième grille s'intéresse à la personnalité en relation avec la problématique du «travailler ensemble».

Chaque collaborateur possède ses **valeurs propres**, mais sont-elles compatibles avec celles de l'équipe? L'individualisme de celui-ci, ses difficultés à rendre compte et partager l'information, ne sont-ils pas une entrave à l'esprit d'équipe? L'absence de réactivité de celui-là, peu enclin à la gestion du temps, placé à un poste de coordination, ne nuit-elle pas à la performance collective?

À RETENIR

Le diagnostic managérial de vos collaborateurs permet alors de prendre des mesures lucides de management pour « gérer » et faire évoluer les comportements.

Sachez adapter

VOTRE MANAGEMENT

Exercice pratique : imaginons un manager qui a la responsabilité d'une **équipe de quatre personnes.**

Madame Jarrivepas : Elle ne prend jamais aucune initiative et « oublie » même les tâches les plus élémentaires. Maussade et râleuse, elle pratique une sorte de résistance passive à l'autorité.

Diagnostic et stratégie du manager : Madame Jarrivepas est non compétente et non motivée. Avec directivité mais sans brutalité, le manager va s'attacher à la faire monter en compétence ce qui lui donnera une meilleure image d'elle-même.

Monsieur Jenvoilbout connaît son travail et on peut compter sur lui. Du moins jusqu'à 18 heures. À 18 h 01, il n'est plus là. Ponctuel, consciencieux, fiable, ce n'est pas la bonne volonté qui lui manque, mais le désir ! Mais lui, qu'est-ce qu'il veut ? Rien ! Ou plutôt si : qu'on lui fiche la paix !

Diagnostic et stratégie du manager : Monsieur Jenvoilbout est compétent, mais non motivé. Le manager va donc s'employer à réinjecter du plaisir, du challenge dans son travail quotidien : formation, responsabilités nouvelles, valorisation de ses apports...

Monsieur Toutneuf n'a pas encore bien compris les règles du jeu de la vie professionnelle. Rebelle à l'autorité, il ironise sans cesse sur les pesanteurs du système mais bâtit une « usine à gaz » dès qu'on lui confie un dossier. Heureusement, il déborde d'énergie et de bonne volonté.

Diagnostic et stratégie du manager : Monsieur Toutneuf est non compétent, mais motivé. Le manager va donc s'employer à offrir un cadre à ce débutant en faisant preuve d'une directivité ferme, mais bienveillante tout en lui permettant de se professionnaliser. Il le tirera vers le haut par des challenges stimulants.

Madame Perso : elle est efficace, elle est compétente, elle est motivée... et elle le sait ! Elle s'est ainsi bâtie, ainsi, au sein de l'entreprise, une sorte de zone franche dont elle défend les frontières avec une farouche détermination.

Diagnostic et stratégie du manager : Son manager ne doit pas entamer ce capital par un autoritarisme malvenu ou une « starification » excessive. Il devra donc passer avec elle des contrats d'objectifs, madame Perso a besoin d'être libre mais également d'exister.

Choisissez bien votre coach

IL PEUT VOUS SAUVER LA VIE !

Le manager est souvent seul. Il doit assumer ses responsabilités. Ses décisions l'engagent, mais engagent également son équipe. Cette solitude parfois lui pèse.

L'appel à un coach, c'est d'abord une rupture dans la solitude. Celui-ci va vous conforter dans vos décisions et ouvrir des perspectives auxquelles vous n'aurez pas pensé. Il va vous aider à mieux vous connaître, à vous appuyer sur vos atouts et à corriger, si nécessaire, quelques défauts de comportement ou des erreurs de raisonnement.

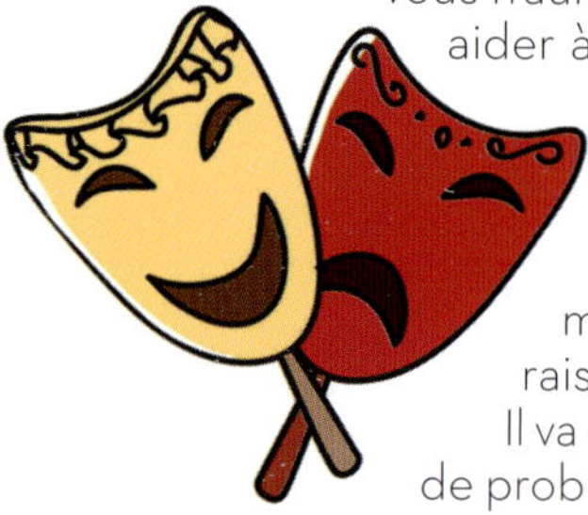

Il va contribuer à la résolution de problèmes identifiés, parfois décisifs pour la réussite de votre carrière ou pour l'atteinte de vos objectifs.

Bref, pendant un temps, il va vous accompagner. Il va faire un bout de chemin avec vous, avec bienveillance certes, mais aussi avec clairvoyance et perspicacité.

COMMENT CHOISIR SON COACH ?

• C'est comme pour les médecins ou les avocats, il y a des coachs réputés dont la notoriété s'est bâtie sur **le bouche à oreilles.**

• **Il y a des « écoles » de coaching** qui ont pignon sur rue et sur le net, dont on peut apprécier les variables éthiques et méthodologiques.

• **Le mieux, pour choisir un coach est... de le rencontrer !** C'est en discutant avec lui – ou elle – que l'alchimie va ou ne va pas s'opérer... Le coaching est en effet une rencontre et un choix... réciproque !

Décidez-vous

C'EST VOUS LE MANAGER !

« Pour prendre une décision, il faut être un nombre impair de personnes, et trois c'est déjà trop » disait non sans esprit Georges Clemenceau.

La décision est un exercice solitaire même si elle est précédée de consultations – et il n'est pas toujours facile de choisir entre plusieurs options. Cet art subtil incombe **au manager.**

On dit d'ailleurs de lui que c'est un décideur. Il est en permanence confronté à la prise de décision : stratégie à mettre en œuvre, objectifs à fixer, recrutements, licenciements, informations à diffuser, choix budgétaires, arbitrages divers...

Si la hâte nuit à la décision en la précipitant, l'hésitation peut conduire à l'inaction, voire à l'inertie des équipes. « Patiner sur place » entraîne l'immobilisme et la démotivation.

Il est donc préférable de trancher. Que ce soit par oui ou par non, **la décision** du manager constitue **le cadre de l'action individuelle et collective.**

CINQ AIDES À LA DÉCISION

1. Soyez au clair avec **la stratégie générale de l'entreprise** et ce qu'on attend de vous... Vous pourrez ainsi mieux définir ce que vous attendez des autres...

2. Faites vous établir de bons **tableaux de bord** synthétiques de gestion : personnel (ancienneté, salaires), activité (planning des missions, tâches, congés), dépenses et recettes...

3. Mettez en place **un management participatif de l'information** : des réunions régulières où l'information ascendante (de N à N + 1) circule... Pour bien décider, il vous faut maîtriser toutes les données...

4. Utilisez le principe suivant : **toute décision prise doit être assumée...** et il est inutile (sauf dans le cas exceptionnel où la décision est catastrophique) de revenir en arrière. Évitez le système « ordre et contre-ordre » qui déstabilise les équipes.

5. **Utilisez votre coach** : une discussion avec lui vous permettra de prendre le recul nécessaire à la décision difficile...

Diriger, être directif, donner la direction...

TROIS MOTS DÉCISIFS

Ces trois mots qui qualifient le métier de manager – **diriger** et ses dérivés : **directif, direction** – viennent du latin *dirigere* qui signifie « aligner, ordonner ».

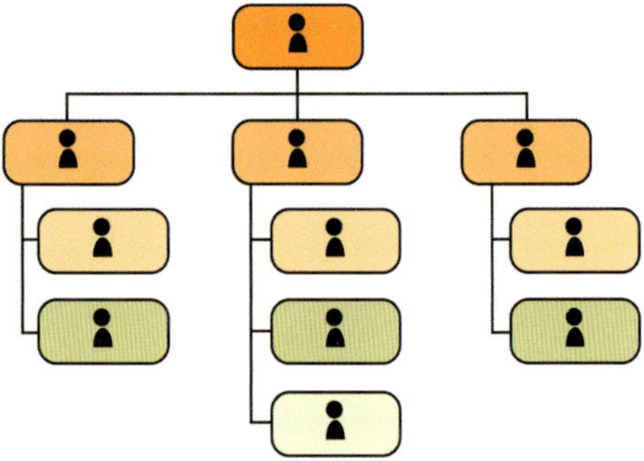

Toute l'énergie du manager va consister à en effet **mettre de l'ordre** et à repousser les risques permanents et imprévisibles du chaos.

Tel Sisyphe – condamné à faire rouler un rocher éternellement en haut d'une colline – associé à Prométhée – dieu du feu et de la civilisation – le manager va chercher à bâtir, malgré les nombreux obstacles, un monde cohérent et harmonieux.

À SAVOIR

- **Diriger** : le manager est un dirigeant, il **pilote** l'organisation, le service, l'unité de travail.
- **Directif** : le manager est **clair et précis** dans ses projets, ses objectifs, ses consignes. « Directif » ne signifie pas autoritaire, mais capable de tracer la direction. On peut se révéler autoritaire parce qu'on ne sait pas être directif.
- **Direction** : mot intéressant car il a le double sens de diriger et d'orienter. Le vrai leader n'est-il pas celui **qui éclaire** plutôt qu'il ne commande ?

Fixez des consignes précises

DANS DES DÉLAIS PRÉCIS

Faites attention au syndrome suivant : « je me comprends parfaitement, donc ils m'ont compris ! » Attention à l'ellipse ! Vous croyez que, sans avoir dit, sans avoir explicité, les autres vous ont compris. Rien de plus faux !

Et rien de plus dangereux pour la communication et l'efficacité ! Les autres ne sont pas dans vos intentions secrètes. **Il faut être précis pour être compris** et vérifier, en outre, qu'on a bien été compris.

À TITRE D'EXEMPLE, IMAGINONS LA SCÈNE SUIVANTE :

Acte I (*le lundi à 9 heures*) :

– **Le manager** : Antoine, merci de bien vouloir me déposer le dossier Martin sur mon bureau en fin de semaine car je dois le présenter en comité de direction lundi prochain…

- **Antoine** (N-1) : D'accord ! Pas de problème !

Acte II (*le vendredi à 9 heures*) :

- **Le manager** : Excusez-moi Antoine, je vous avais demandé de me déposer le dossier Martin, mais je ne le vois pas sur mon bureau...
- **Antoine** : Mais vous m'aviez dit en fin de semaine...`
- **Le manager** : Nous sommes en fin de semaine...
- **Antoine** : Je pensais m'y mettre ce matin...

FIXEZ CLAIREMENT VOS DÉLAIS !

- **Soyez particulièrement rigoureux dans les délais d'exécution** : évitez les formules vagues de type : « en début de semaine » ou « en fin de semaine » Ou encore : « la semaine prochaine ». Pire encore : « avant la fin du mois ».
- **Fixez des dates précises** de rendu des travaux à vos collaborateurs...

Exemple de dead line : « Mercredi à 15 heures sur mon bureau... ».

- **Et surtout notez bien vos dead lines** pour ne pas les oublier !

Cadrez et recadrez...

IL EN RESTERA TOUJOURS QUELQUE CHOSE !

Manager consiste à cadrer ses collaborateurs : leur fixer un cadre, des repères, une direction, pour que la tâche ou la mission s'effectue.

FAIRE FAIRE LE MIEUX POSSIBLE

Souvent le manager débutant pense que le travail de l'autre relève de l'évidence et, on l'a vu, peut lui donner, par inexpérience, des consignes elliptiques et des délais inexistants. Parfois le manager attend des autres ce qu'il n'arrive pas à formuler...

Cadrer signifie alors déterminer avec le collaborateur les conditions d'un travail réussi.

Le **recadrage** intervient lorsque le cadrage n'a pas été suffisamment compris ou complètement pris en compte. L'interlocuteur n'ayant pas bien saisi la consigne, la manager recadre le collaborateur de manière plus précise.

Il se peut aussi qu'il faille recadrer un collaborateur insuffisamment performant par faute de compétence suffisante ou faute de motivation. Alors, là, il faudra sans doute recadrer de manière plus ferme !

COMMENT RECADRER UN COLLABORATEUR PEU PERFORMANT EN TROIS TEMPS ?

1. **Vous exposez les faits de manière factuelle** : « Vous n'avez pas réalisé ceci et/ou cela... » et exprimez aussi le décalage par rapport à la mission : « Mais cela n'a pas été réalisé dans les délais et en qualité, j'attends désormais un meilleur niveau de performance ».

2. **Vous rappelez la mission et vous placez une nouvelle dead line** : « Je vous demande de réaliser ce travail pour mercredi prochain. » Vous rappelez également la méthode et les moyens qui vont permettre au collaborateur de réussir.

3. **Vous remettez en confiance** et responsabilisez avec la formule, par exemple : « Je compte sur vous... »

> **CONSEIL**
>
> Évitez l'empathie déplacée, la menace de sanction, la colère, ou la culpabilité émue : ça ne sert à rien !

Briefez et débriefez...

IL EN RESTERA TOUJOURS QUELQUE CHOSE (BIS) !

Voici une technique de management rapide et efficace...

Dans certaines entreprises (hôtellerie, bâtiment, plateformes téléphoniques) **on « briefe »**, c'est-à-dire on informe, on cadre, on rappelle les consignes, on donne les derniers renseignements de conjoncture à l'équipe de **collaborateurs** le matin avant l'action. On **« débriefe »**, c'est-à-dire on évalue, on fait le bilan « postopératoire », on tire des enseignements « à chaud » – le soir après l'action.

Cette « boucle » courte de l'information permet de contrôler quotidiennement la performance de l'équipe et de **corriger régulièrement les dysfonctionnements éventuels.**

Elle permet également un **niveau de réactivité élevé** face aux incidents divers tels que les demandes inattendues des clients, les conflits émergents, les problèmes organisationnels imprévus.

Optez pour un comportement authentique !

C'EST AUSSI UNE TACTIQUE

Comment faut-il se comporter lorsqu'on est manager ? Y a t-il un comportement modèle ? Soyez authentique, c'est-à-dire être vous-même, sans tricher, sans exagérer, sans fabuler. C'est la meilleure des tactiques : **point de langue de bois ni de promesses mirifiques non tenues !**

Nonobstant, il faut aussi être aussi… tactique !

Par exemple, si spontanément, il vous vient à l'esprit de recadrer un collaborateur, **il vaut mieux prendre un peu de temps** avant l'entretien pour distinguer les faits et préparer vos arguments plutôt que de réagir à chaud. Du recul !

Il vaut mieux aussi avoir deux trois coups d'avance – comme on joue aux échecs – pour élaborer une stratégie afin de guider l'équipe tout en éclairant le chemin.

Recrutez des personnes à solutions

PLUTÔT QU'À PROBLÈMES…

Deux types de collaborateurs existent. Ceux qui vous apportent des solutions et ceux qui vous apportent… des problèmes.

Les premiers sont créatifs, dégourdis, utiles, et ont un indéniable sens du service, que celui-ci s'adresse au client ou aux autres services de l'entreprise.

Les seconds viennent vous voir, hagards ou penauds, parce que la photocopieuse ne marche pas, parce que tel client n'est pas joignable, parce que le logiciel de facturation est tombé en panne ou pour une demande imprévue de congés alors que la production bat son plein.

Alors que les premiers résolvent silencieusement les problèmes, les seconds, en ne les résolvant pas, font désormais partie du problème !

Recrutez donc les premiers plutôt que les seconds !

SI VOUS AVEZ BESOIN D'UN ÉCUREUIL, NE RECRUTEZ PAS UNE MARMOTTE !

Si l'écureuil a la faculté de sauter de branche en branche, la marmotte trapue est bien plus terrienne. Ne demandez donc pas à une marmotte de sauter de branche en branche ! **Vérifiez** en relation avec le poste à pourvoir **la personnalité du candidat** autant que **sa qualification** ou **son expérience**.

TROIS CONSEILS POUR BIEN RECRUTER

1. Définissez bien la fonction avant de recruter : mission, place dans l'organigramme, objectifs, moyens, salaire, intéressement aux résultats.

2. Vos premières impressions sont souvent les bonnes. Elles peuvent être confirmées dans la « précieuse » période d'essai.

3. Choisissez une personnalité autant qu'une qualification : même si la marmotte est qualifiée pour le job, elle ne pourra jamais sauter d'arbre en arbre...

Licenciez

AVANT DE L'ÊTRE VOUS-MÊME !

Vous avez grand cœur et vous vous dites « je vais donner une chance à ce pauvre Dupont (qui fait partie, c'est évident, de ces collaborateurs apporteurs de problèmes) et puis vous vous dites en outre : « je viens d'arriver à ce poste de manager, je ne vais pas faire de vagues... »

Et vous allez donc supporter Dupont tout le temps où il sera dans votre équipe. Dupont, en fait, vous auriez dû le « licencier » – car désormais il plombe vos résultats et il fait le tiers du travail de ses collègues. Du coup, c'est vous qui êtes désormais sur la sellette !

Comme quoi, il vaut mieux parfois trancher, c'est-à-dire licencier, plutôt que de traîner le pauvre Dupont comme un boulet – en lui donnant qui plus est l'impression qu'on le harcèle – et aboutir in fine à une mise en danger de son équipe et de... soi-même !

Ne vous faites pas refiler

DES RESPONSABILITÉS

Une perte de temps considérable pour le manager consiste à **récupérer les responsabilités et les tâches** des autres : celles du chef de service du bureau d'à côté qui vous transmet un dossier dont il a la charge, celle du consultant qui vous a refilé la rédaction du rapport qu'il aurait dû lui-même vous fournir, celle du collaborateur qui désormais innove dans la délégation « vers le haut » en vous fixant même une dead line pour la réécriture d'un courrier qu'il ne sait pas faire !

Vous voilà ainsi **débordé** et **pris au piège** ! Il faut donc résister aux multiples tâches qui viennent peser sur vos épaules déjà bien encombrées.

Pour cela, il s'agit de bien déterminer les zones de responsabilité de chacun et de savoir **dire non.**

Faites faire

ET NE VOUS PRENEZ PAS POUR LE CENTRE DU MONDE

Le métier de manager consiste à faire faire plutôt qu'à faire soi-même. D'aucuns pensent qu'il plus facile de faire faire que de faire : ce sont bien sûr ceux… qui ne savent pas faire faire ! Il faut, comme on l'a vu, être précis dans les consignes, autoriser l'exécution, contrôler les résultats.
Bref, manager est un métier !

FAIRE CONFIANCE

Mais la tentation du manager (inexpérimenté) est alors d'intervenir auprès de ses collaborateurs à partir d'une double (fausse) hypothèse : « ils sont incapables de se débrouiller tout seuls ! », (« ils sont immatures ») et « je suis le seul à penser juste ! », (« ils ne sont pas suffisamment intelligents »).

Le manager se rassure en intervenant sans cesse de façon directive, mais ce faisant, il **démobilise les équipes en les déresponsabilisant**.

Il faut bien sûr faire confiance à l'intelligence

créative des équipes qui savent résoudre des problèmes de terrain dont les données complètes sont souvent ignorées par le manager du fait de sa place et de son rôle.

LES DEUX ATTITUDES MANAGÉRIALES EXTRÊMES À ÉVITER

- **Hyperdirectif :** omniprésent, contrôlant tout, apportant des solutions à tout, le manager rend l'équipe dépendante de lui.
- **Absent :** le manager laisse l'équipe se débrouiller au risque de perdre toute prise, voire toute légitimité, sur elle.

NOTRE CONSEIL

Ne pas trop intervenir, laisser de l'autonomie aux équipes, mais contrôler les résultats, définir les modalités pour y parvenir et les valeurs collectives qui supportent l'activité.

Évitez donc de ne déléguer...

QUE LES CORVÉES !

Tout d'abord, précisons que **déléguer ne signifie pas faire faire, et encore moins faire exécuter.** Une tâche d'exécution ne se délègue pas, elle s'ordonne. Une délégation induit un pouvoir transmis, une responsabilité confiée, et donc une certaine autonomie de pensée et d'action autorisée. On doit donc choisir la bonne personne pour accomplir la délégation en question.

« SUIVRE » LA DÉLÉGATION

Déléguer ne veut pas dire abandonner la mission attribuée. Il faut la suivre et organiser des périodes de contrôle. Un « reporting » régulier du **délégant** – celui qui **délègue** – au **délégataire** – celui qui reçoit la délégation – s'avèrent utiles. Il vaut mieux corriger les problèmes en cours de délégation plutôt qu'à la fin car, à ce moment-là, il est hélas trop... tard !

DANS DÉLÉGUER, IL A « DÉLAI » ET AUSSI « GAI »

Il faut par ailleurs préciser que toute délégation a une durée déterminée. La mission dure, par exemple, trois jours, trois mois, trois ans.

Enfin, il vaut mieux **déléguer une mission avec enthousiasme plutôt qu'avec une mine consternée :** l'humeur de celui qui délègue augure de l'état de la mission.

Si vous déléguez une besogne dont vous voulez vous débarrasser, celui qui devra l'accomplir recevra la mission avec douleur, comme un pensum. Évitez donc de déléguer une corvée, l'air à la fois déprimé et soulagé, mais plutôt une mission qui va mobiliser celui à qui vous la déléguez.

Déléguer n'est pas punir, mais faire acte de confiance. C'est transférer un pouvoir certes, mais aussi... un plaisir !

Ne cherchez pas à...

ÊTRE AIMÉ PAR VOS COLLABORATEURS

Connaissez-vous la fameuse question du prince Laurent de Médicis à son conseiller très spécial Nicolas Machiavel (1469-1527) ? La question était : faut-il être aimé ou craint ? Réponse de Machiavel : les deux mon général !

Mais à choisir, il vaut mieux être craint...

Dans le texte original (*le Prince*) : « Je réponds qu'il faudrait être et l'un et l'autre ; mais comme il est bien difficile de les marier ensemble, il est beaucoup plus sûr de se faire craindre qu'aimer, s'il faut qu'il y ait seulement l'un des deux ».

Vous passez aussi votre temps à vouloir (inconsciemment) séduire votre équipe pour qu'elle vous renvoie une image positive de vous-même. Laissez un peu la séduction de côté et managez !

Et si de temps en temps, il vous faut prendre une décision « cruelle », dites-vous alors que c'est le métier qui le veut !

Ne cherchez pas à...

ÊTRE DÉTESTÉ PAR VOS COLLABORATEURS

Ce n'est pas non plus une solution ! Se faire craindre (voir règle précédente) ne signifie pas se faire détester, car, si l'on est détesté –, cela présente plus d'inconvénients que d'avantages.

Être détesté par ses collaborateurs entraîne de leur part des actes de résistance : désobéissance aux consignes, actes de sabotage, absentéisme, démotivation. Si le chef est abhorré, on n'a pas envie de lui faire don de son travail.

Donc : si l'on ne cherche pas être aimé, **on ne cherchera pas non plus à être haï.**

Il y a une troisième voie : il vaut mieux susciter le respect, par ailleurs toujours réciproque. Se faire respecter commence par le respect envers les autres, notamment ses collaborateurs.

Et le respect que l'on a pour son chef rend ce dernier ainsi **légitime**.

D'émotion, point trop n'en faut...

MAIS QUAND MÊME UN PEU !

Le management est plutôt une pratique qui nécessite un certain sang-froid et une certaine disposition au recul, à la distance.

Lorsque vous devez recruter, par exemple, il ne s'agit pas de tomber en pâmoison devant cette candidate – ou ce candidat – qui use de tout son charme pour vous faire avaler des couleuvres...

Lorsque vous licenciez, il ne s'agit pas de pleurer ce futur ex-collaborateur que vous avez tant aimé, avant qu'il ne vous précipite dans des abîmes d'erreurs dont il est le principal fautif...

Gardez donc votre émotion pour convaincre ! On ne persuade que par l'émotion. Toute argutie uniquement rationnelle n'a pas d'effets. Lorsque vous présentez votre projet à votre équipe, sachez qu'elle ne retiendra que votre souffle et secondairement le rétroplanning des différentes phases.

Ne tombez pas amoureux

DE VOTRE COLLABORATEUR (RICE)...

Même si elle ressemble à Monica Belluci, même s'il a le visage de Leonardo di Caprio...

Ça y est ! Vous avez craqué ! Harponné ! Piégé ! L'amour vous a pris dans ses filets ! Et pourtant... Et pourtant, c'est un(e) collaborateur(rice) !

Allégrement, vous mélangez les genres, mais à vos risques et périls. Bien sûr, le monde du travail est un lieu de rencontre comme un autre. Faites attention quand même ! Comment gérer cette situation ?

En la camouflant ? Tout finit par se savoir et se colporter autour de la machine à café !

En l'avouant ? c'est mieux, mais il faut alors qu'il ou elle change de service ! Vous ne pouvez pas être juste et ferme avec votre chéri(e) ! **Et comment mettre un avertissement à « l'amour de sa vie » ?**

Contrôlez votre humeur

ELLE EST CONTAGIEUSE...

Évitez de « péter les plombs » ! Vous arrivez au bureau ce matin-là à 8 heures, il fait froid dehors, votre conjointe (ou conjoint) vous a dit la veille que vous n'étiez pas souvent là, et que votre petite dernière vous réclame, vu que quand vous rentrez le soir vers 22 heures, vous a-t-elle rappelé, « vous vous occupez plus de votre Smartphone que de vos enfants ».

Vous arrivez donc ce matin-là à reculons en pensant à votre conjointe, à vos enfants, qui vous signalent que la famille vaut autant, sinon plus, que toutes les affaires de management.

Ce matin-là, dans les couloirs, vous croisez vos collègues et vous ne répondez pas à leur sourire convenu.

Votre assistante arrive à 9 h 05 minutes – elle doit arriver à 9 heures pile – vous l'attendiez de pied ferme, vous la convoquez et vous lui signalez que les retards de transport ne sont pas le problème de l'entreprise. Elle sort de votre bureau déphasée en s'interrogeant encore sur le sens profond d'un retard de cinq minutes.

Vous relisez le dossier de Martin, son compte-rendu est bourré de fautes d'orthographe, il a mis de deux s à di**ss**tinguées, il va vous entendre, vous lui avez déjà dit d'être attentif à la forme de ses rapports, vu que « quand la forme est mauvaise, on n'arrive pas à lire le fond ».

Bref, vous êtes de mauvaise humeur !
Et tout le service va à en pâtir !

À l'inverse, imaginons que vous soyez maintenant dans l'humeur inverse, c'est-à-dire de bonne humeur, vos collègues, votre assistante, Martin, auraient la journée sauve et vous-même vous pourriez manager tout cela, les retards et les erreurs compris, avec sans doute plus d'efficacité !

Un dernier conseil : lâchez donc le Smartphone le soir (allez tout droit à la règle 48) et occupez-vous de votre petite dernière !

Managez sans harceler !

UN EXERCICE DÉLICAT…

On ne peut que constater, **la fragile et ténue frontière** entre le **management** – l'exercice banal de l'autorité dans l'entreprise – et le **harcèlement** – l'abus de pouvoir délictuel.

Vous avez l'impression de communiquer avec un collaborateur alors que vous exercez une violence psychologique à son encontre. Vous mettez ainsi en œuvre au quotidien des conduites perverses sans vraiment vous en rendre compte.

La liste suivante vous permettra **de bien faire la distinction entre harcèlement et management.**

COMPORTEMENT HARCELANT DU MANAGER

- 1. Est sujet à des colères répétées
- 2. Stresse ses équipes
- 3. Privatise le conflit
- 4. Pratique l'arbitraire

- 5. Fait preuve d'esprit négatif
- 6. Adopte une posture moralisatrice
- 7. Prend souvent un ton ironique
- 8. À un comportement évitant
- 9. « Casse », humilie
- 10. Vide le poste de son contenu
- 11. Sanctionne pour le plaisir ou pour se venger
- 12. Pousse à la faute
- 13. Pratique le flou

EN COMPARAISON, LE COMPORTEMENT JUSTE

- 1. Montre du sang froid, « prend sur soi »
- 2. Impulse et encourage
- 3. Objective le conflit
- 4. À une attitude juste
- 5. Fait preuve d'un esprit constructif
- 6. Fixe des règles précises
- 7. Pratique l'humour, favorise la convivialité
- 8. Communique, assume
- 9. Recadre sur les faits
- 10. Valorise le poste, la fonction ou les fait évoluer
- 11. Sanctionne pour faute
- 12 Prévient et recadre avant la faute
- 13. Structure, est précis

Évitez les réunions muettes

IMAGINONS UN EXEMPLE

Vous lancez le premier sujet : l'atteinte des objectifs individuels. Un silence étourdissant envahit la réunion de service à laquelle participent vos huit collaborateurs. Pas un mot ! Vous pensez qu'ils n'ont rien à dire ou que le thème les terrorise ! Ne les accablons pas trop vite !

QUELLES SONT LES TROIS PRINCIPALES CAUSES DE CE SILENCE GÊNANT ?

1. Les participants n'ont peut-être pas suffisamment préparé ce point de **l'ordre du jour**. Pour s'exprimer sur un sujet, il faut au préalable l'avoir « pensé », « cogité » ! Il faut avoir préparé ses arguments !

Demandez à vos collaborateurs de bien **préparer la réunion**. Envoyez-leur les différents points de l'ordre du jour par e-mail plusieurs jours avant la réunion avec des aides à la réflexion (tableaux de bord).

2. Vous ne leur avez pas donné l'occasion et le temps de s'exprimer : pour que chacun s'exprime, **il faut organiser la prise de parole.**

La technique du tour de table où chacun s'exprime a le mérite de faire parler l'ensemble des participants sur le sujet en question.

3. Le sujet ici porte sur l'atteinte inégale des objectifs individuels. La moitié des participants est en cours d'atteinte des objectifs, l'autre moitié peine à les atteindre. Vous pouvez alors être perçu comme le juge qui va rendre son verdict. **Évitez donc la réunion-tribunal** qui ne provoque pas de prise de parole spontanée. L'entretien individuel, en « face à face », pour traiter ce sujet, n'est-il pas préférable dans ce cas à la réunion ?

Deux règles d'or de la conduite de réunion :

Soyez directif sur la forme : vous conduisez la réunion, vous fixez les temps de parole, vous recentrez et relancez le débat sur le sujet traité.

Soyez bienveillant sur le fond : évitez les jugements de valeur concernant les propos d'un participant, ne rentrez pas en conflit avec le groupe, faites passez la confiance, pratiquez l'écoute active.

Sachez mener des entretiens

NI PUGILAT NI « N'IMPORTE QUOI »

Vous commencez un entretien à propos d'une mission que vous avez confiée à votre adjoint, et voici que celui-ci se sentant attaqué vous répond avec une insolence que vous ne tolérez pas.

Et l'entretien se termine par **une castagne** en bonne et due forme, **certes verbale**, mais qui n'en est pas moins pénible pour la cohabitation entre vous deux les jours suivants.

Autre entretien improductif : vous vous rendez compte au bout d'une demi-heure que vous n'avez pas traité le sujet pour lequel votre collaborateur est dans le bureau ! Perte de temps !

Morale de l'histoire. Tout entretien pour être efficace doit éviter le conflit interpersonnel qui dérive vers la « bagarre » et traiter de manière concentrée et concertée le sujet qui le fonde.

LES PRINCIPAUX ENTRETIENS MANAGÉRIAUX : QUELQUES CLEFS

- **L'entretien de recrutement** : observez la personnalité et détectez la compétence entre les lignes du CV... Cet entretien est une mise en scène où le candidat doit être mis à l'aise – le manager prépare l'entretien mais veillera à ne pas être trop directif. Il posera des questions pertinentes qui favorisent l'échange.
- **L'entretien d'appréciation ou d'évaluation** : c'est le rite le plus utile de l'année. Équilibrez l'échange et le jugement...
- **L'entretien de cadrage** : il définit la mission, la tâche, exprime les consignes. Il faut donc trouver les mots pour les dire.
- **L'entretien de délégation** : il organise la délégation en termes de mission, de délais, de moyens, d'étapes de reporting et de contrôle. Chaque terme est important...
- **L'entretien de recadrage** : il réoriente le collaborateur vers la tâche ou la mission. C'est tout un art ! Il ne faut ni fléchir ni durcir l'attitude !
- **L'entretien (préalable) de licenciement** : juridiquement incontournable, il annonce au collaborateur le motif et les conditions du licenciement.

Ne soyez pas maso (chiste)

INTÉRESSEZ-VOUS PLUTÔT AUX MEILLEURS !

Ne passez pas votre temps et ne consacrez pas toute votre énergie à vous occuper des moins bons ! Les tire-au-flanc, les grognons, les muets, les va-t-en-guerre, les absents !

Il vaut mieux vous occuper des meilleurs, des alliés, de ceux qui vous sont favorables, et qui participent avec entrain à l'édification du projet !

« On a toujours tendance, dit un proverbe chinois, à chercher à convaincre ses ennemis plutôt qu'à s'appuyer sur ses amis ». Rien de plus juste pour ce qui concerne l'animation des équipes.

Certes il ne s'agit pas d'abandonner les autres, mais conforter les maillons forts et s'appuyer sur eux, risque de bonifier l'ensemble.

Soyez impertinent !

MÉFIEZ-VOUS DU « MANAGÉRIALEMENT CORRECT » !

Impertinent ici ne veut pas dire non pertinent, mais plutôt irrévérencieux. Ne récitez à tout propos les « éléments de langage » de l'entreprise et ne figez pas dans une posture de subordination devant votre hiérarchie. D'autant qu'en réalité, ce n'est pas ce qu'elle vous demande. Si elle vous demande d'agir, elle vous demande aussi de penser, et penser, c'est souvent penser par vous-même pour faire évoluer une situation et l'améliorer.

Conjuguez la loyauté envers votre patron avec un certain sens critique, et sans doute demandez la même chose à vos collaborateurs. Les entreprises ont besoin d'initiatives créatives dans un contexte économique et sociétal mouvant et complexe.

Rien de pire que des béni-oui-oui passifs, incapables de proposer une idée qui sorte du cadre, ou de remettre en question un système qui bat de l'aile !

Tirez vos équipes vers le haut !

C'EST L'EXCELLENCE QUI MOTIVE...

On peut manager de manière conciliante : on va tolérer les erreurs (pas une, mais aussi les répétitives), les retards, les absences dans les réunions, des objectifs partiellement atteints, des résultats approximatifs, des brouillons de projets.

Les équipes peuvent se satisfaire de ce modus vivendi mou, certes pas ambitieux, mais au moins sans vagues, et somme toute confortable. Elles vont s'en satisfaire peut-être, mais elles ne se mobiliseront pas pour arriver à un meilleur niveau de performance.

En réalité, ce qui **motive les équipes**, c'est certes un certain souci du pragmatisme et du réalisme, mais **c'est aussi une ambition**, un projet qui hausse le niveau de chacun et fédère l'ensemble.

À RETENIR

Réussir passe par la mise en œuvre d'une culture de l'excellence à laquelle chacun participe, certes selon son poste, mais en partageant cette valeur d'exigence commune.

NOS TROIS CONSEILS

1. **Fixez des règles du jeu précises :** l'erreur est tolérée, mais elle ne doit pas être répétitive. Pas de retard injustifié, etc.

2. **Élaborez un projet et fixez des objectifs qui ont du sens** et dans lesquels chacun peut s'identifier et se sentir « valorisé ».

3. **Développez une culture de l'excellence** tous azimuts : traquez les fautes d'orthographe, exigez des rapports bien faits, faites expliquer les résultats, etc.

Saisissez le climat social !

REGARDEZ LA RÉALITÉ EN FACE

Ne soyez pas autiste ! La politique de l'autruche peut avoir des avantages : ne rien voir et vivre heureux ! Sauf que les problèmes déniés surgissent par la fenêtre alors qu'on avait fermé la porte à double tour !

ENTENDRE, VOILÀ LE MOT-CLEF.

Entendre et ensuite résoudre... Encore faut-il vouloir entendre ! Entendre les plaintes ici et là de salariés sérieux qui évoquent les mauvaises conditions de travail, l'excès de pression managériale qui finit par se révéler contre-productif ou le mauvais traitement infligé aux clients du fait de dysfonctionnements majeurs dans l'organisation.

Et le manager, qui n'entend pas, de s'étonner alors du préavis de grève qui vient d'être déposé alors que l'entreprise paraissait si paisible !

Managers, ouvrez donc les yeux et les oreilles, écoutez les critiques, surtout si elles ne vous sont pas favorables !

Cette attention-là, au quotidien, cette curiosité d'autrui, ce **minimum d'empathie**, vaut tous les baromètres sociaux...

LES INDICES DU MALAISE SOCIAL

- Le taux global élevé d'absentéisme des salariés
- Le taux d'arrêts maladie en augmentation
- Les demandes de mobilité dans un autre service
- Le déploiement de mouvements revendicatifs
- Un stress et des tensions palpables permanents
- Les rumeurs récurrentes anti-managériales
- Les réclamations-clients en progression
- La baisse notable de la productivité ou l'accélération contrainte de la productivité
- Les difficultés de communication ressenties
- L'absence de compréhension du projet d'entreprise et des objectifs par un grand nombre

Sortez du cadre !

DE LA CRÉATIVITÉ AVANT TOUT

Le pire des maux, disait Baudelaire, c'est l'ennui ! Et dans une entreprise, c'est l'inertie, la répétition des habitudes et la conformité au groupe.

Rien de pire pour soi comme pour les collaborateurs que l'absence d'activité créative, d'initiatives, d'idées nouvelles, d'audace, de volontarisme !

Alors, cadre éminent, sortez du cadre ! Créez l'événement ! Surprenez tout le monde, et d'abord vous-même ! Résolvez les problèmes par l'ouverture du champ des possibles ! Inventez un nouveau produit ! Ou un nouveau service ! Proposez une procédure inédite ! Faites bouger les lignes !

Vous avez peur de quoi ? Qu'on vous tape sur les doigts ? On vous les tapera aussi si vous ne faites rien ! Ou si les équipes somnolent ! Vos collaborateurs suivront plutôt un entrepreneur qu'un chef qui baille, drapé confortablement dans son honorable statut !

Apprenez à parler

BRÉSILIEN RUSSE INDIEN CHINOIS

Bien sûr, vous parlez anglais quasiment comme votre langue maternelle ou sinon il faut vous y mettre d'urgence, ce qui vous permet de suivre et parfois d'accompagner votre collaborateur chargé de l'export, d'origine australienne, qui vient régulièrement vous débriefer entre deux avions sur l'état du marché nord-américain.

Mais attention depuis quelques années **il faut apprendre à parler BRIC !** Les marchés se dénichent dans les pays émergents ! Préparez bien votre voyage à Rio, Moscou, Shanghai et Bombay en apprenant quelques rudiments de langue en même temps que le cours des devises.

À SAVOIR

Bonjour en russe se dit **dobrii den** ; en chinois **nin ho** ; en brésilien **bom dia** ; en indien (hindi) **namaste !**

Ne soyez pas addictif au Smartphone

LÂCHEZ-LE UN PEU

Les Smartphones contiennent votre vie entière : vos contacts, vos rendez-vous, vos SMS, et bien sûr vos e-mails... Difficile de s'en passer...

Bien sûr, votre entreprise vous en a donné un afin que vous soyez joignable partout et que vous puissiez répondre à vos mails urgents le week-end et pendant vos congés.

Alors dès l'aube, avant même le petit-déjeuner, surgit le besoin irrépressible, quasi addictif, d'aller aux nouvelles...

UN EXEMPLE

Tandis que vous revenez vers Paris d'une réunion qui s'est tenue à Caen dans la matinée, sur l'autoroute A 13, vous êtes soudain tenté d'en écrire le compte rendu. Vous estimant « polytaches », vous le rédigez en tapotant sur le clavier de cette merveilleuse petite machine... pendant que vous roulez sur cette insipide autoroute !

Alors attention danger !

MON CONSEIL

Et prenez donc le temps de vous lever le matin l'esprit libre ! Considérez que conduire ne va pas avec le Smartphone au volant.
Pourquoi ne pas essayer Haendel sur Radio Classique ?

Évitez de devenir un manager

DÉLINQUANT !

Aujourd'hui, bien plus qu'hier, les patrons d'entreprise sont sur la sellette : ils sont présumés innocents, mais la liste des délits possibles les concernant, via le Code du travail ou même le Code pénal, s'allonge.

Désormais, on peut être un manager délinquant, alors qu'on croyait ce terme réservé aux malfrats. Sans mourir de peur d'être montré du doigt comme criminel en puissance, sans aller trop vite dans l'acceptation d'un jugement de culpabilité infondé, **vous devez plutôt sereinement connaître les principaux délits managériaux et contre-attaquer si nécessaire.**

QUELQUES EXEMPLES DE DÉLITS :

Violence physique (avec coup de boule !) : votre collaborateur à trois reprises vous a injurié, vous lui avez ce matin retourné un magistral coup de boule, façon Zidane. Il est envoyé aux urgences.

Risque : Un an de prison ou plus selon l'ampleur des dégâts et des séquelles éventuelles.

Conseil : Pour manager, il vaut mieux garder son sang-froid ! Respirez ! Prenez des cours de yoga ! Ou… changez de métier !

Harcèlement sexuel : votre collaboratrice (eur) vous hante ; et vous lui demandez tous les matins par des mails salaces de succomber à vos charmes… Vous insistez… insistez…

Risque : Un an d'emprisonnement et 15 000 euros d'amende.

Conseil : Gardez vos distances ! Ou allez draguer ailleurs !

Harcèlement moral : Vous rappelez à votre collaborateur qu'il n'a pas atteint ses objectifs et vous le lui dites, devant témoins, deux fois par jour. Vous lui signalez le fait en le déplorant une à deux fois par semaine par e-mail. Vous insistez… vous insistez…
(voir règle 39)

Risque : Un an d'emprisonnement et 15 000 euros d'amende.

Conseil : Revisitez enfin vos méthodes de management !

Xénophobie : Vous rappelez à votre collaborateur d'origine étrangère qu'il ne doit pas travailler comme au bled !

Risque : trois ans d'emprisonnement et 45 000 euros d'amende.

Conseil : Ouvrez-vous donc à la différence ! Vous verrez, c'est souvent un pari gagnant !

Sexisme : Vous dites de manière sarcastique à votre assistante – et ce n'est pas la première fois ! – qu'elle n'a pas compris vos consignes mais que ça ne vous étonne pas puisque c'est… une femme !

Risque : Trois ans d'emprisonnement et 45 000 euros d'amende.

Conseil : Retournez à la case « Deux siècles auparavant » !

Délinquance financière : Le délit le plus fréquent est l'ABS ou abus de biens sociaux. Lorsque le dirigeant – ou le manager par délégation – utilise l'argent ou les biens de l'entreprise à des fins personnelles. D'autres délits sont punis par la loi comme la cavalerie, la corruption, le détournement de fonds...

Risque : Cinq ans d'emprisonnement ; 375 000 euros d'amende (ABS).

Conseil : À force de trop rêver de soleil, on peut finir sa carrière à l'ombre...

Tentez enfin de comprendre le capitalisme

CONTEMPORAIN...

I. QU'EST-CE QUE LE CAPITALISME ?

« Système économique et social fondé sur la propriété privée des moyens de production et d'échange (le capitalisme se caractérise par la recherche du profit, l'initiative individuelle, la concurrence entre les entreprises) » (*Petit Larousse*). Certains auteurs associent le capitalisme à l'économie de marché, d'autres distinguent les deux notions.

Pour Karl Marx, le « capitalisme » est un régime à la fois politique, économique et social dont la loi fondamentale est **la recherche systématique de la plus-value**, grâce à l'exploitation des travailleurs par les détenteurs des moyens de production.

Au-delà des définitions générales, l'**histoire du capitalisme est riche en événements.** Il existe depuis l'Antiquité, notamment chez les Grecs et le Phéniciens, s'est révélé au Moyen Âge, s'est poursuivi jusqu'au XVIIIe. Le capitalisme moderne est né avec les différentes révolutions industrielles.

D'abord et longtemps familial – et donc paternaliste – le capitalisme moderne a évolué vers un capitalisme d'actionnaires anonymes tourné vers des finalités de rendement et de profitabilité.

Ces dernières années, on a beaucoup parlé de **capitalisme financier**, où le but des entreprises est devenu, comme son nom l'indique, d'abord financier, le capital pouvant même produire par lui-même autant, sinon plus, de richesse que le travail.

2. EN QUOI LE CAPITALISME CONTEMPORAIN EST-IL SI PARTICULIER ?

Le capitalisme contemporain et les entreprises qui sont inscrites dans ce contexte se caractérisent par un état d'instabilité permanente dont les causes sont : **la mondialisation de l'économie**, la concurrence des pays émergents, la crise financière et de la dette publique, la nouvelle révolution industrielle (numérique, écologique), la part importante du service dans l'économie, les nouveaux comportements des consommateurs.

Les entreprises mettent ainsi en place des gouvernances de veille économique et sociale et des projets qui permettent l'adaptation permanente aux crises.

3. DANS CE CONTEXTE MOUVANT, QUELLE EST L'ATTITUDE DU MANAGER ?

Les salariés sont souvent déboussolés face aux soudains changements de cap, aux ordres démentis par des contrordres, à la financiarisation du management au détriment parfois du service rendu au client. Ils doivent pourtant **répondre** tant bien que mal **à une demande de réactivité immédiate, d'adaptabilité permanente, d'acceptation des contradictions managériales**, qui peuvent alors rendre leur travail parfois difficile, d'abord parce que peu compréhensible par eux-mêmes.

Ils peuvent aussi craindre, et légitimement, pour la **pérennité de leur emploi** dont la stabilité n'apparaît plus comme garantie.

Il s'agit alors pour le manager dans ce contexte de crises récurrentes de mobiliser au quotidien les équipes pour leur faire atteindre les résultats, certes nécessaires, mais en leur expliquant, avec patience, les perspectives et en donnant du sens au travail, sans quoi toute quête de résultat peut paraître absurde.

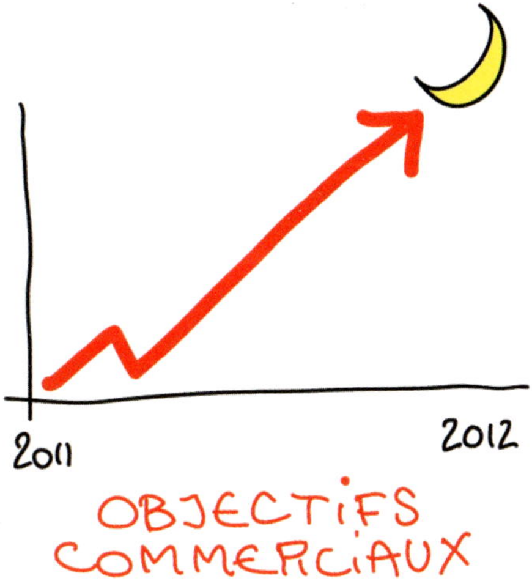